QUELQUES ANNÉES EN AFRIQUE

SOUVENIRS

Par l'abbé H. B.

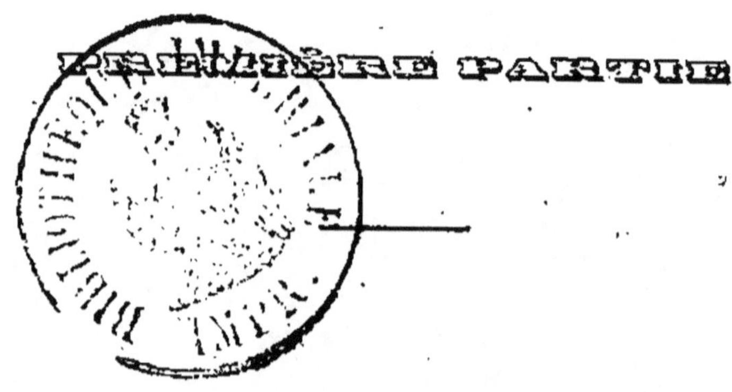

PREMIÈRE PARTIE

TOULOUSE,

Chez **L. CLUZON**, libraire, rue St-Rome, 50,

Et dans toutes les Librairies religieuses.

1861

Typ. Jean Pradel et Blanc, Place de la Trinité, 12.
Toulouse.

QUELQUES ANNÉES EN AFRIQUE

SOUVENIRS

Les quelques notes qu'on va lire n'étaient pas destinées au public. Recueillies en courant, pendant un séjour de quelques années en Afrique, elles présentaient un décousu peu propre à inspirer cet intérêt qui, seul, peut faire accueillir favorablement un livre. La pensée de les mettre en ordre m'est venue un soir, en quittant la salle où se réunissent les membres de la Société de Saint-François-Xavier. Sur la bienveillante invitation de M. le Président, j'avais détaché de mes souvenirs quelques traits qui captivèrent singulièrement l'attention de ceux qui m'écoutaient. Dès-lors, je n'eus plus de raison à apporter à mes amis qui me demandaient la publication de mes *Souvenirs d'Afrique.* J'étais loin toutefois de m'exécuter, lorsqu'on m'a fait entrevoir une bonne pensée à réaliser, une bonne œuvre à faire. Je n'ai plus hésité, et voilà pourquoi j'écris aujourd'hui. Si mon récit fait quelque bien, si j'ai montré, sous un point de vue plus heureux, cette terre africaine illustrée autrefois par le courage de tant de Docteurs et le sang de tant de Martyrs, j'aurai accompli ma tâche : car on aura compris que le Dieu qui, dans d'autres temps, sut inspirer dans ces pays de si grands courages et de si nobles dévouements, a repris possession de cette terre, d'où le cimeterre musulman l'avait chassé, pour y faire fleurir encore les vertus que nous admirons dans les belles figures d'un autre âge.

CHAPITRE PREMIER.

Le pauvre Jacques.

J'étais parti de Cette à midi, à bord du paquebot la *Ville de Bordeaux*, j'allais à Alger. Le soleil, au milieu de sa course, nous inondait de lumière et de feux. L'horizon s'arrondissait autour de nous comme un cercle immense, et nous avions au-dessus de nos têtes un dôme magnifique, dont l'azur sans nuages se réfléchissait dans la limpidité d'une mer tranquille et calme. C'était un bon présage; aussi la joie éclatait à bord en bruyantes paroles que ne dominait pas toujours le bruit de la machine que faisait mouvoir la vapeur.

Au lieu de me livrer à cette joie générale, une pensée sombre et triste m'avait jeté sur un banc à l'arrière du navire; j'aurais voulu retarder la rapidité de notre marche; le temps me paraissait trop beau. Je ne sais pas pourquoi, lorsqu'une lame venait se briser sur l'avant du vaisseau, en lui imprimant un rude mouvement de tangage, ma tête se penchait vers la mer; je suivais alors avec délices ce flot qui avait retardé de quelques minutes la course du bateau qui m'emportait loin de la France.

Et pourtant ma résolution était bien prise, et il semblait bien que Dieu voulut la bénir. Aussi, par intervalles, ma pensée courait au-devant de moi. Je voyais l'Afrique renaissante ; je me sentais heureux d'apporter ma faible coopération au débrouillement de ce chaos d'où un monde doit sortir.

Depuis vingt ans, me disais-je, nos armées foulent en tout sens le sol de l'Algérie ; depuis vingt ans, la France essaie à son tour d'imposer sa civilisation à cette contrée qui ne s'est jamais appartenue, et qui, néanmoins, s'est toujours montrée rebelle aux dominations étrangères ; depuis vingt ans, enfin, cette conquête et notre occupation soulèvent parmi les hommes d'une certaine classe les plus vives récriminations : Pourquoi, s'écrient-ils, après tant de combats et de travaux, sommes-nous si peu avancés ? Pourquoi toujours des ennemis à vaincre, des insurrections à étouffer ? Pourquoi, après tant de sacrifices d'hommes et d'argent, ne voyons-nous pas s'élever sur cette terre arrosée de tant de sang, un établissement fort et durable ?

J'entendais ces cris des détracteurs d'une grande œuvre, et j'étais heureux de pouvoir leur répondre : Non, le sang des enfants de la France ne sera pas perdu, car à ce sang se mêle déjà depuis longtemps le labeur d'un dévouement capable des plus grandes choses. La France n'envoie pas seulement des soldats en Afrique, elle lui donne encore des prêtres et des sœurs de charité. On a compris que la civilisation ne marche pas toujours à la suite de la guerre, si celle-ci n'a pour compagne la Religion. On sent, enfin, que l'œuvre de saint Louis n'est pas morte avec lui à Tunis ; les idées sont immortelles, et la renaissance chrétienne de l'Afrique est une de ces grandes choses qui se préparent, se fécondent et s'achèvent lentement à travers les âges.

Ainsi s'en allait capricieusement ma pensée, tandis que la vapeur m'entraînait vers les rivages de l'Afrique. Notre capitaine, qui faisait jeter le loch d'heure en heure, m'a assuré que nous avions toujours filé six à sept nœuds, c'est-à-dire que nous avions fait environ trois lieues à l'heure.

Je restai sur le pont aussi longtemps que je le pus ; le soleil s'était lentement incliné, et peu à peu il avait éteint dans les ondes ses feux étincelants. A l'agitation et aux discours bruyants avait succédé une tranquillité parfaitement en harmonie avec le ciel serein et la mer immense. Nos tapageurs de la journée avaient successivement gagné leurs cabines. Je restai presque seul, je jouissais de la nuit. Quelques brumes montaient de divers points du ciel ; des nuages qui figuraient de longues écharpes de gaze étaient suspendus sur nos têtes. Toutefois, la brise restait douce, et la mer n'était pas plus agitée qu'un lac.

De temps à autre passait auprès de moi un matelot dans la force de l'âge. Il tenait ses mains jointes devant lui et sa tête se penchait lourdement sur la poitrine. Il paraissait tout entier à sa méditation. Cette promenade solitaire piqua bientôt ma curiosité. Je me mis à considérer plus attentivement mon promeneur, cherchant à surprendre, au moment où il passait plus près de moi, un des mots que j'entendais vaguement s'échapper de ses lèvres. Après un quart d'heure environ d'observation infructueuse, j'allais quitter la place, lorsqu'un mot bien distinct me retint cloué sur le banc où j'étais assis. J'avais entendu le nom de la Vierge Marie montant au ciel dans une prière et avec un soupir. Le marin récitait son chapelet; car, au même instant, portant mon regard sur les mains du matelot, je vis entre ses doigts rouler les grains du rosaire. Je n'eus garde d'interrompre sa prière, mais j'épiai le moment où je pourrais sans indiscrétion lui adresser la parole. Je n'attendis pas long-temps, et je crois que le marin avait deviné ma pensée; je le vis, en effet, s'arrêter tout-à-coup et se diriger vers moi.

Je ne lui laissai pas le temps de m'adresser le premier la parole; ce que j'avais vu et entendu remplissait trop mon cœur : — Ah! on est heureux, lui dis-je, le soir, lorsque tout est silence autour de soi, d'oublier enfin la terre pour se souvenir du Ciel. Je savais bien que les matelots n'attendent pas toujours l'orage pour implorer l'Etoile de la mer.

—Oui, monsieur, répondit le marin avec un soupir, je suis heureux aujourd'hui;

mais il n'y a pas longtemps encore, je n'aurais pas soupçonné le charme qu'on trouve à prier et à aimer. Vous êtes prêtre, on peut vous dire ces choses là, et cela me fait du bien ; car, voyez-vous, il faut que je répare, lorsque j'en trouve l'occasion, tout le temps pendant lequel je ne priais pas Dieu et la bonne Vierge, et que je parle de ceux que j'ai trop longtemps oubliés.

Ces quelques mots dits sans prétention et tout naturellement, me laissèrent entrevoir dans la vie passée de ce matelot, un de ces coups que la divine Providence se plaît à frapper plus souvent qu'on ne pense, et qui ont du retentissement non-seulement dans le cœur qui en est atteint, mais encore dans tout ceux qui sont assez rapprochés pour devenir les échos de ces bruits éclatants de la grâce.

Après cette sorte d'exclamation du matelot, je le questionnai tout doucement sur son pays, sur ses parents, sur ses amis.

— Ah ! je le vois, me dit-il en m'interrompant, vous n'osez me demander l'histoire de ma conversion, mais je comprends que vous désirez la connaître et je veux vous la raconter, parce qu'elle pourra vous servir dans l'occasion. Elle n'est pas longue, aussi il ne vous sera pas difficile de la retenir

. Avant de m'embarquer sur les paquebots de l'Etat où vous me voyez aujourd'hui, je fesais comme avait fait mon père, comme avant lui avait fait mon aïeul : je partais tous les ans pour aller sur le banc de Terre-Neuve à la pêche de la morue. Un jour donc je quittai le littoral de la Rance, entre Dinan et Saint-Malo, avec un de mes voisins, matelot comme moi. Nous n'étions pas des plus édifiants lorsque nous vivions à terre. Jacques était jureur et moi un peu ivrogne, tous les deux plus assidus au cabaret qu'à l'église, nous moquant des prédications de M. le Recteur et des pratiques de la religion. Donc, nous nous embarquâmes. La traversée fut heureuse, la pêche abondante. Elle tirait à sa fin ; mais sur les dernières journées, le temps devint gros, la mer houleuse. — Pierre, me dit mon ami, vois-tu bien cette lame ?... Il n'avait pas achevé ces mots, que je fus lancé à la mer par un coup de vent. Jacques aussitôt se précipite après moi, et beaucoup meilleur nageur, il me ramène à bord, malgré les clapotements d'une mer furieuse ; ses violents efforts l'avaient épuisé, aussi il arriva à la barque plus malade que celui qu'il venait de sauver. Deux jours après, une fluxion de poitrine des plus graves ne laissait nul espoir de le rappeler à la vie.

J'étais désolé près du hamac du mourant.

« Tu vas donc mourir, Jacques, lui disais-je, sans trop prendre garde à mes paroles ; et dire que c'est pour moi ! Ta femme ne voudra seulement pas que je lui rende service quand elle saura que c'est pour moi que tu meurs.

— Tais-toi, dit Jacques, pas de lamentations ; faut parler d'affaires ; je n'ai plus que le temps très juste. Promets-moi une chose et ne va pas y manquer. C'était bon de jaser quand on était joyeux au cabaret avec les camarades ; mais quand on souffre pour mourir, il faut penser aux leçons du Recteur et aux recommandations de sa mère. J'ai oublié tout ça tant que j'étais gaillard, vois-tu mon garçon, et je n'ai pas été à confesse avant de partir, comme ma femme le voulait. A présent, il n'y a plus de prêtre pour Jacques. Mais écoute, as-tu bonne mémoire?

— Oui, matelot, et je n'oublierai pas que tu m'as sauvé à ton péril.

— C'est pas tout ça, dit Jacques, il faut que je me confesse à toi et que tu me promettes de ne rien oublier, et d'aller porter ma confession au Recteur de P*** ; tu te confesseras après, et l'absolution sera pour nous deux. »

L'expédient me parut lumineux. Je prêtai mon attention à Jacques, qui commença une confession la plus circonstanciée, mais aussi la plus fatigante pour le pauvre malade. Je n'osais l'arrêter, de peur de le contrarier, car je voyais bien que c'était là tout son souci. Il appuyait sur les traits principaux, me faisait reprendre après lui plusieurs fois pour voir si je me souvenais bien et si j'avais bien compris. Il me recommanda ensuite de répéter souvent cette confession quand il ne

serait plus, me fit promettre de ne boire que
de l'eau, de me convertir, enfin, et de faire
pénitence pour deux. Cela fait, Jacques parut
plus tranquille ; il parla de sa femme et de
ses enfants, et mourut avec bon espoir.

A l'époque du retour des marins, vers le
mois d'octobre, grande est l'angoisse dans
les familles des bords de la mer, où tous les
hommes sont embarqués. Cependant, les
marins arrivaient peu à peu, ce qui ne faisait qu'accroître les transes des mères et des
femmes des retardataires. De ce nombre
étaient Jeanne ma femme, et Mathurine la
femme de Jacques. Bien des voisines, mères
de famille comme elles, étaient allées réciter,
en leur compagnie, des prières pour les deux
absents ; bien des chandelles avaient brûlé,
le dimanche, devant l'autel de la Vierge,
auxiliatrice des marins.

Un soir que, sur le seuil de leur porte,
celles-ci regardaient tristement, sans ressen-
tir plus d'espérance que la veille, le chemin
du retour, un homme s'avançait, à la dé-
marche lente et grave et au chapeau entouré

d'un crêpe. — Personne n'aurait pu reconnaître, à cet air sombre, Pierre, le marin absent depuis six mois. Mais Jeanne sut bien le reconnaître et s'élancer vers lui pour le serrer dans ses bras. Alors, sans lui dire un mot, je la repousse doucement, et je continue ma route avec une solennité pleine de tristesse. Aux cris des deux amies, car Mathurine avait suivi ma femme, tout le village est sur pied, et en me voyant ainsi seul, triste et rêveur, plus d'une voisine effrayée affirmait que je n'étais plus qu'une forme humaine dans laquelle l'âme de Pierre s'était enfermée pour se montrer une dernière fois aux siens ; mais on prononça plus haut le mot de vœu pour rassurer ces deux pauvres familles éplorées. C'était un vœu, en effet, qu'accomplissait ainsi religieusement le pauvre Pierre.

Les plus braves du village m'avaient suivi et atteint sans obtenir une réponse. Je tenais à la main ce chapelet de Jacques, que j'ai toujours gardé depuis, et je le récitais en marchant. On me vit traverser le bourg, passer, sans y jeter un regard, devant le cabaret, écueil autrefois de mes meilleures résolutions. Je me signai dévotement, mais sans ostentation, devant le portail de l'église, où l'on s'attendait à me voir entrer; mais je poursuivis mon chemin, au grand étonnement de la foule qui grossissait à chaque instant, et j'entrai au presbytère. Les curieux, ne pouvant entrer à ma suite, furent libres de se livrer à leurs conjectures, et ils n'y manquaient pas. Du reste, ce qu'ils voyaient leur fournissait ample matière.

Pour moi, dès que je fus en présence du Recteur, ce vrai père des marins, je voulus parler, mais les sanglots étouffèrent ma voix. Les bonnes paroles du prêtre me calmèrent un peu, et je pus lui raconter l'histoire si touchante et si triste de Jacques, dans laquelle j'avais bien aussi mon rôle. Je le suppliai de vouloir m'aider à accomplir la promesse que j'avais faite à mon ami mourant. Le bon père, attendri, écouta avec une affectueuse complaisance la confession du défunt, non pas, me dit-il, comme une confession véritable, mais pour remplir le dernier vœu de Jacques et tranquilliser le pauvre pêcheur qui était devant lui : « Ah ! que c'est lourd à porter, lui dis-je, la confession d'un ami. Il avait bien du chagrin, mon pauvre Jacques, de ne pas vous avoir près de lui ; mais ça l'a consolé un peu tout de même de savoir que je vous raconterais sa confession et que vous connaîtriez ses péchés. »

Après cette action, comme je voulais être fidèle en tout à mes promesses, je me confessai pour mon propre compte comme je l'avais fait pour mon ami. — Depuis ce jour, je puis vous l'avouer, j'ai été si non plus heureux, du moins plus calme et plus résigné. Le souvenir de Jacques n'a plus été aussi lourd sur mon cœur. Car le prêtre m'avait dit : « Je ne puis avoir d'incertitude sur le salut du pauvre marin ; sa foi, son courage, sa contrition, ont bien suppléé, aux yeux du bon Dieu, à l'absolution qu'il n'a pu recevoir. » Et puis, ajouta Pierre, ce bon Recteur connaît les marins, voyez-vous, et il sait que, quoi qu'ils fassent, il y a de la ressource avec eux, parce qu'ils ont de la foi.

Un coup de sifflet du maître d'équipage appela le matelot, qui termina là son histoire. J'aurais bien voulu pousser plus loin mon indiscrétion et savoir pour quels nouveaux motifs il s'était résolu à quitter son village, sa famille, la famille de son ami Jacques, Jeanne et Mathurine ; mais j'en savais assez pour mon édification. Je gagnai donc ma cabine en disant : le Seigneur sait toujours tirer un bien d'un grand mal.

CHAPITRE II.

La mer. — Les îles Baléares.

Le deuxième jour de notre navigation, nous aperçûmes à notre droite une côte qui dominait l'horizon et que je pris tout d'abord pour la côte d'Espagne. Le lieutenant du bord me rappela que ce ne pouvait être que l'île Minorque. Il eut même l'obligeance de me prêter sa longue-vue marine pour me faire apercevoir la ville de Mahon, capitale de cette île. Nous passions, en effet, à deux portées de fusil du port et de la ville, qui se montre sur une hauteur, entourée de gracieux paysages. Au bord du plateau qui domine la mer s'élève une église, comme pour bénir la marche du navigateur.

Le temps continuait à nous être propice; mais l'orient était noir et le soleil ne perçait qu'avec peine les nuages qui se balançaient et. représentaient des bois de pins au fond d'un ciel lumineux. Plusieurs rouges-gorges fendaient péniblement l'air; ils venaient, fatigués, du côté de l'Espagne, et se reposèrent sur les mâts de notre navire. Malgré le bon accueil fait à ces gracieux réfugiés, leur timidité ne leur permit pas de rester longtemps au milieu de nous. Ils reprirent donc leur course. Un seul demeura captif entre les mains d'un passager. Le petit animal paraissait étonné et se plaignait à sa manière de cette captivité à laquelle il était loin de s'attendre. Aussi ne voulut-il aucune nourriture. Son maître allait lui faire un mauvais parti, lorsque j'intervins en sa faveur, et je fus assez heureux pour me le faire livrer. Je gardai donc mon joli petit rouge-gorge ; je lui fis force caresses qu'il ne paraissait pas dédaigner. On eût dit qu'il comprenait que je venais de lui sauver la vie. Je lui présentai un peu de nourriture, qu'il prit sans façon. Nous fûmes bientôt les meilleurs amis du monde. Cette journée se passa sans autre évènement.

La matinée du troisième jour fut pluvieuse et mauvaise ; le vent nord-est soufflait avec violence, et le roulis du bateau nous fatiguait horriblement. Des requins et des souffleurs, précurseurs des orages, suivaient notre paquebot. Le ciel était d'un gris de plomb. Des courants contraires, venus de Malte et de Gibraltar, augmentaient les secousses du navire. Mais nous en fûmes quittes pour quelques heures de tangage. A midi, on distinguait, malgré les brumes, les côtes d'Afrique, les hauteurs d'Alger. Les passagers cou raient sur le pont du vaisseau pour saluer cette terre africaine, objet de tous les vœux, après trois jours de navigation.

« Pour moi, je ne me hâtai pas ; mais, pendant que chacun se livrait à ses joies et à ses espérances, je causais avec mon petit animal dans le salon, auprès de ma cabine. Je ne sais pas ce que je lui disais, mais ce que je n'oublierai de ma vie, c'est l'attention qu'il semblait prêter à mes paroles. C'est le sentiment qui naquit subitement dans mon âme, lorsque j'entendis au-dessus de ma tête les cris et les transports joyeux qui annonçaient la terre qu'on découvrait au loin. Pauvre petit oiseau, lui dis-je, le pays de France était le but de ton voyage, et je t'emportais aux rives africaines. Non, c'est bien assez d'un exilé. — Et je montai rapidement sur la dunette, d'où je lançai vers la France l'animal redevenu joyeux. Va, élance-toi, d'un vol courageux et rapide, vers cette patrie qui est toujours la mienne et où je reviendrai, je l'espère !

Alors, mais alors seulement, je tournai

mon regard vers l'Afrique. Le premier aspect de cette terre, que je n'avais jamais vue, excita en moi une étrange émotion. En apercevant les hauteurs d'Alger, je vis tout-à-coup passer devant moi comme une image de son histoire depuis trois cents ans : je vis Barberousse et son frère, les terribles corsaires; — Charles-Quint et sa flotte; — l'amiral de Beaufort et le châtiment qu'il infligea aux pirates. — Duquesne m'apparut deux fois devant ce nid de vautour. Le maréchal d'Estrées vint lancer ses dix mille bombes; et, enfin, je voyais, pour couronner dignement tous ces exploits, la croix plantée en 1830, avec le drapeau français, sur cette terre où depuis si longtemps on n'avait que mépris pour le nom chrétien.

Après ce coup-d'œil rapide vers un passé marqué des souvenirs de la patrie, je contemplai en silence le spectacle qui se déroulait devant moi. Je me frottai les yeux à plusieurs reprises pour m'assurer si tout ce que je voyais n'était point un rêve : j'aperçus comme une large carrière de marbre de Carrare, dont les couches, horizontalement superposées, s'élevaient en amphithéâtre, en formant un triangle isocèle qui baignait sa base dans les flots; sa blancheur, éclairée par les rayons du soleil qui s'échappaient à travers les nuages, ressortait éclatante au milieu des riches draperies de verdure qui semblaient se rattacher au sommet de la montagne d'où elles allaient se perdre à l'horizon.

On me disait bien : ce que vous voyez est Alger ! mais je ne me rendais compte d'aucun détail; je ne pouvais démêler une ville dans cette masse étrange qui se présentait à mes regards.

A mesure que nous approchions, les objets devenaient plus distincts. On me montrait tour-à-tour le cap Matifoux et la plage de Sidi-Ferruch, le fort de l'Empereur et la Kasbah. Je découvris, enfin, une maison, puis deux, trois, etc.; une mosquée, un minaret, un palmier. C'était une suite non interrompue de surprises, d'impressions nouvelles, de sensations vives que je ne puis rendre. Enfin, je distinguai la capitale de l'Algérie. Cette ville d'Alger, d'où les chrétiens ne s'approchaient jadis qu'avec effroi ; je la contemplais avec des regards pleins d'intérêt et d'amour : ce rivage, si longtemps inhospitalier, était doux comme le rivage de la patrie.

Notre bateau fut bientôt entouré par un essaim de caiks ou barques montées par des Turcs qui venaient se disputer les bagages des passagers. Un de ces Biskris, vêtu de son costume national, me conduisit à terre dans son caik pour un demi-boudjou (environ 75 centimes). J'eus bientôt franchi la porte de la Marine, longé la rue du même nom, et j'arrivai sur la place que les Français ont appelée place du Gouvernement, au milieu de laquelle est dressée, sur un magnifique piédestal, la statue équestre du duc d'Orléans.

Là, je m'arrêtai quelque temps à considérer ce peuple bizarre, composé de figures de toutes les nuances ; je restai tout stupéfait en me voyant mêlé à cette population nouvelle, coudoyé par des Maures, des Turcs, des

Arabes, des Nègres, tous vêtus de leur costume distinctif ; je cherchais en vain à saisir quelques syllabes dans les sons gutturaux et fortement aspirés que leur conversation laissait parvenir à mes oreilles. Tout, jusque dans les plus petits détails, était nouveau pour moi.

CHAPITRE III.

Alger.

Dans les récits de voyage, il n'y a rien de mieux, je crois, que de dire les choses au fur et à mesure qu'on les voit ou qu'on les apprend. On court risque, il est vrai, de ne pas rester dans un ordre parfait, mais la narration y gagne plus d'intérêt et de naturel, et le lecteur s'associe plus intimement au voyageur : l'un et l'autre s'instruisent en même temps.

Lorsque je fus un peu revenu de mon

étonnement, causé par le mélange des costumes français, arabe, kabyle, juif, maure et de notre uniforme militaire ; par les cris en français, en arabe, en italien, en espagnol ; par le bruit des conversations en tant de langues diverses, je songeai au but premier de mon voyage, et je me dirigeai vers le palais de l'évêque d'Alger.

En parcourant la petite distance qui sépare la place du Gouvernement de la demeure du prélat, je ne pus m'empêcher de dire tout haut, de manière même à être entendu des passants, qui du reste ne firent guère attention à mes exclamations : Un évêque d'Alger ! mais c'est la plus magnifique, la plus étonnante nouveauté de ce siècle ! Alger, la métropole du brigandage, la vieille demeure de l'épouvante, l'ancien témoin des plus noires atrocités musulmanes, des plus cruelles douleurs chrétiennes, est devenu un évêché catholique ! Je voyais dans l'érection de ce siége épiscopal, la consécration de la victoire, l'intronisation de la pensée chrétienne au cœur même de l'islamisme, un pas dans la voie de la régénération du continent africain ; enfin, la continuation de la chaîne d'or des Cyprien et des Augustin, interrompue par quatorze cents ans de barbarie.

La maison qui sert de palais épiscopal n'a rien d'éclatant dans son extérieur, mais elle n'en est pas moins une charmante habitation mauresque. L'intérieur présente comme un espace ouvert, entouré de gracieuses colonnettes. Il en est ainsi dans toutes les maisons d'Afrique.

L'appartement de la demeure épiscopale qui sert de salon de réception, est une galerie coupée par une sorte de sanctuaire demicirculaire, revêtue de marbre ciselé avec beaucoup d'art ; le dôme du petit salon offre comme une ravissante dentelle de marbre, qui fait songer aux merveilleux travaux du génie mauresque à Séville, à Cordoue et à Grenade.

Mgr Pavy est le second évêque de la nouvelle Église d'Afrique. Il joint à l'aménité de caractère que semble lui avoir léguée son saint prédécesseur, de vénérée mémoire, une grandeur de vues peu commune, une noblesse de caractère qui impose aux musulmans même, et un talent qui le fait distinguer parmi les membres de notre illustre épiscopat français.

Je ne dirai pas, je ne saurais redire sans les décolorer, les paroles que le savant et pieux évêque laissa tomber de ses lèvres sur mon cœur; mais ce que je puis dire, c'est qu'avant de le quitter, je m'agenouillai devant le successeur de tant de saints pontifes; et lorsque je compris que sa main était levée sur ma tête pour m'accorder une de ces bénédictions qu'il sait si bien donner, je sentis en moi comme une illumination subite qui me fit entrevoir, en un instant, tout ce que Dieu réserve de gloire et d'avenir à cette terre instruite par les exemples et les doctrines des Fulgence, des Optat et des Augustin.

Après cette visite, je voulus saisir d'un coup-d'œil l'ensemble de la ville d'Alger, avec ses abords et la mer qui bat les côtes. La Kasbah me parut le point le plus propre à m'offrir ce tableau, et j'y montai. On traverse toute la ville haute, qui n'est qu'un amas de petites rues, bordées de mauvaises bicoques, bâties sans alignement et où trois hommes pourraient à peine passer de front. Le vieux génie d'Alger est encore là; rien n'y a été changé.

Du haut de la Kasbah, la ville descend jusqu'à la mer. Les terrasses des maisons sont toutes couvertes de chaux pour garantir les habitants contre les ardents rayons du soleil. Vue du sommet de la colline, la blanche Alger a l'air d'être bâtie d'hier. Lorsqu'on se place sur les terrasses de la Kasbah, on a à ses pieds la métropole africaine étincelant au soleil; devant soi, la mer immense au fond de laquelle l'œil cherche à découvrir les côtes de la France; à droite et à gauche, des sites qui ont tous un caractère particulier de grandeur. On est alors frappé de la rare magnificence de la position d'Alger.

La Kasbah, d'où je découvrais ces merveilles, avant la prise de la ville, formait comme une petite cité à part, que les deux derniers deys avaient choisi pour en faire leur demeure. C'est une réunion de pavillons et d'édifices qui servaient aux divers besoins du souverain. C'est dans un de ces pavillons que se passa le premier acte de cette sanglante tragédie dont le dénouement fut une réparation à l'honneur français, outragé dans la personne de son consul, et une satisfaction donnée à l'Europe chrétienne, qui depuis des siècles souffrait de l'insolence des pirates algériens.

La Kasbah est aujourd'hui changée en caserne, en logements destinés aux officiers. Lorsque éclata la guerre de Crimée, elle était occupée par les zouaves, *ces premiers soldats du monde*, dont le nom est devenu populaire à force de dévouement, de courage et de gloire.

Auprès de la Kasbah, à quelques pas de la principale porte, on trouve une toute petite mosquée, qui fut d'abord une chapelle dédiée à la Vierge, sous le nom de Notre-Dame-des-Victoires. Plus tard, la chapelle est devenue l'église d'une paroisse d'Alger : c'est la paroisse de Sainte-Croix.

Les édifices publics n'ont rien de remarquable sous le rapport de l'art. Quelques-uns offrent des souvenirs précieux pour le chrétien qui visite l'Algérie. De ce nombre sont les bagnes, qui étaient destinés aux esclaves capturés par les pirates.

C'était dans ces lieux malsains et presque privés d'air, que, couchés sur la paille, les malheureux captifs se reposaient des pénibles travaux qu'on leur imposait. Ces infortunés pouvaient du moins se livrer au seul exercice pieux qui leur fût permis, celui de se mettre en communication avec Dieu par la prière, et de lui demander la force de supporter leurs maux avec courage, afin de mériter les récompenses réservées à ceux qui souffrent à cause de lui. Sous ces voûtes lugubres, ils chantaient souvent en chœur ces belles paroles de David ; elles entretenaient dans leurs âmes le sentiment de l'espérance, qui ne doit jamais abandonner un chrétien, et dont ils avaient si grand besoin :

« Ne vous souvenez point de nos anciennes iniquités, Seigneur, et que vos miséricordes nous préviennent promptement, réduits que nous sommes à la dernière misère.

» Aidez-nous, ô mon Dieu, qui êtes notre Sauveur, et délivrez-nous pour la gloire de votre nom ; pardonnez-nous, de peur qu'on ne dise : où est leur Dieu ?

» Que les gémissements de ceux qui sont captifs s'élèvent jusqu'à vous. Faites éclater quelques signes en notre faveur, afin que ceux qui nous haïssent soient confondus en voyant que vous nous avez aidés. »

Leurs vœux ont été exaucés ; le jour de la délivrance a lui pour eux ; l'antique Numidie, jadis si chrétienne, illustrée par le martyre de saint Cyprien et de tant d'autres soldats de Jésus-Christ, a été rendue à la foi, et tout fait espérer que désormais cette douce fille du ciel n'en sera plus exilée.

Au sud-est, on me montra le fort de l'Empereur, dont l'effroyable chute, sous le feu de nos batteries, détermina la capitulation du Dey. Il est dominé par les hauteurs du Boujareah, dont les pentes délicieuses vont s'inclinant jusqu'à la mer et finissent par former un frais vallon au fond duquel coule une petite rivière, la seule autour d'Alger ; sur ses bords croissent l'aloës et le nopal. Au penchant du côteau paraît un cimetière chrétien dont l'origine mérite d'être racontée. Les détails qu'on va lire nous viennent du P. Gervais, d'origine espagnole, ancien trinitaire, qui a habité Alger pendant plus de cinquante ans. Or, voici ce que ce vénérable Père savait par la tradition :

Dans la dernière moitié du xvi⁰ siècle, un évêque espagnol, se rendant en Sicile, fut pris par des pirates algériens. Après d'assez longs jours de servitude passés à Alger, l'évêque reçut de la libéralité espagnole le prix de sa rançon, qui fut considérable à cause de sa dignité. Mais sa charité lui inspira le dessein d'employer plus admirablement cet argent. En ce temps-là, les chrétiens qui mouraient sur la rive algérienne n'obtenaient pas les honneurs de la sépulture ; on jetait les cadavres dans la mer, les flots les rejetaient, et les chacals emportaient et dévoraient ces restes humains. L'évêque esclave alla trouver le maître d'Alger qui avait alors le titre de Pacha, et lui offrit le prix de sa rançon pour acheter un cimetière à l'usage des chrétiens; or, il était interdit à tout chrétien de posséder la moindre parcelle de terre. Le Pacha fut touché de cette demande de l'évêque; il promit d'accueillir la prière, à condition qu'on paierait un douro (la valeur de cinq francs) pour chaque pied de terre. Le prix de la rançon du prélat ne suffisant point, l'Espagne ajouta une somme nouvelle; le terrain fut acheté; les chrétiens eurent un lieu où pouvaient reposer leur os. On dit que l'évêque resta esclave à Alger, faute de trouver une seconde fois le prix de son propre rachat. La touchante générosité de l'évêque espagnol méritait ce semble autre chose que l'abandon et l'oubli.

La relation du Père Comelin et de ses compagnons, de l'ordre de la Sainte-Trinité, a parlé de l'origine du cimetière des chrétiens à Alger; ce n'est point à un évêque qu'il a attribué ce beau dévouement, mais à un capucin, confesseur du célèbre don Juan d'Autriche; elle ajoute que le capucin généreux mourut captif.

Quel que soit le personnage qui ait eu cette gloire, l'origine du cimetière des chrétiens à Alger n'en rappelle pas moins un souvenir digne de prendre place à côté des plus nobles exemples d'abnégation évangélique.

Les agents des puissances chrétiennes qui se trouvaient alors à Alger, eurent aussi leur part d'honneur dans cette admirable action. Le Pacha avait mis pour condition que le cimetière ne serait pas clos de murs. Un consul obtint le privilége d'élever une muraille, afin de défendre les corps contre les fouilles voraces des chacals ; les frais de cette construction furent supportés par tous les consuls, qui donnèrent chacun deux cents douros (mille francs). Le Pacha n'avait permis qu'un petit mur ; les consuls élevèrent une haute et solide muraille, et le Pacha ferma les yeux là-dessus.

Non loin du cimetière chrétien, quelques femmes juives, voilées et coiffées du tentour comme les femmes du Liban, gémissaient dans un cimetière de leur nation ; elles fondaient en larmes comme les pleureuses d'Orient, collant leurs lèvres sur la tombe, et paraissaient écouter à travers le silence du sépulcre; ces femmes racontaient la vie et les bonnes œuvres des morts qu'elles pleuraient. Il y a chez les Juifs des jours marqués pour les larmes autour de ces tombeaux.

A peu de distance des portes de la ville, on rencontre les cimetières arabes. Ce sont des terrains sans culture, où sont placées, pêle-mêle, des pierres tumulaires de différentes grandeurs, mais pour la plupart de trois pieds de hauteur, sur douze ou quinze pouces de largeur; elles sont plantées dans la terre verticalement, et leur sommet est moins large que la base. La face, qui regarde toujours l'Orient, a pour tout ornement des caractères arabes, ou un verset de l'Alcoran. Ces cimetières sont mal entretenus. Quelques tombes sont entourées de fleurs, mais rien n'indique que ces fleurs y soient placées avec une intention pieuse.

Les Arabes fréquentent peu leurs cimetières; ils passent à côté sans témoigner aucun sentiment religieux. Maintenant on priera pour les morts, car notre sainte religion est venue planter la croix sur la tombe de ses enfants qui ne sont plus, elle commande aux fidèles de s'arrêter devant les restes vénérés de leurs frères; depuis déjà longtemps on obéit à cet ordre sacré, le chrétien a fléchi le genou sur le sol où reposent nos guerriers tombés aux pieds de ces murs conquis au prix de leur sang, et où dorment dans le Seigneur ceux qui les premiers sont venus, au nom de la Religion et de la France, prendre possession de ce pays, si fécond en souvenirs et en espérances.

Le chemin qui nous a ramenés à la ville, nous a fait passer à côté de la forteresse appelée du *Poux* par les Arabes, et forteresse des *Vingt-quatre heures* par les Français. Tout autour on travaille, on creuse pour l'agrandissement d'Alger; c'est là que furent élevés les tombeaux des sept deys, de forme carrée, recouverts chacun d'un dôme soutenu par quatre colonnes. Un même jour avait vu ces sept deys monter au pouvoir et tomber sous les coups du peuple et des janissaires. Le dey qui fut maître d'Alger à la suite de ces sanglantes scènes, était un pauvre cordonnier, ce fut par ses ordres qu'on bâtit les tombeaux à la mémoire des sept victimes.

Chaque soldat de la milice algérienne pouvait prétendre à la domination ; de là les révolutions, les coups d'épée, la succession rapide des maîtres de ce pays. On cite, en effet, très peu de deys qui soient morts dans leur lit.

Les travaux de démolition du fort des Vingt-quatre Heures, ont eu un résultat tout autrement intéressant que l'agrandissement ou l'embellissement de la ville. Les récits que l'on a faits lors de la translation des reliques de Géronimo, ont été un aliment si précieux pour notre foi et notre espérance, que nous nous promettons de reproduire avec de plus grands détails, et dans un opuscule à part, ce que nous ne faisons qu'indiquer ici. La mine vient de mettre à jour le corps d'un martyr que la cruauté musulmane avait jeté vivant dans le pisé qui servait à construire le fort aujourd'hui démoli.

CHAPITRE IV.

Promenades et monuments d'Alger.

Le faubourg qui s'étend du côté de ce fort s'appelle Bab-el-Oued ; à peu de distance de la porte *Bab-el-Oued*, en face de la mer, s'élève en rampant, sur la colline, un magnifique jardin dont l'entrée est accessible au public. Cette promenade est due au colonel Marengo, qui l'a créée avec le bras des condamnés militaires. C'était auparavant une côte abrupte et nue ; on y trouve aujourd'hui des parterres, des allées sinueuses, des kiosques revêtus de faïences, et surtout quatre jolies fontaines mauresques. A l'une de ces fontaines se rattache un souvenir intéressant. La tradition raconte que cette fontaine ornait primitivement la place d'Alger, place où l'on avait coutume de couper la tête aux esclaves chrétiens ; les bords du bassin servaient à aiguiser le yatagan sacrilége ; du reste, les traces qui s'y montrent,—attestent la vérité de ces tristes détails. Le glaive ensanglanté était ensuite plongé et lavé dans l'eau de la fontaine. Il faut bien reconnaître que ce monument aux sanglants souvenirs, serait mieux placé à la porte de quelque église qu'au milieu d'un jardin public. Placées sur le seuil d'une église, ces pierres parleraient plus fortement au cœur des catholiques de la colonie, elles réveilleraient plus facilement la piété et le courage de l'armée. Les esclaves morts sous le yatagan des Algériens, furent à coup sûr des martyrs, car autrefois, comme de nos jours, on conservait la vie, parmi ces barbares, par l'apostasie. Voici ce que nous trouvons dans une lettre d'un soldat français à ses parents :

« Si les Arabes vous saisissent quelque-
» fois, ils ne massacrent pas celui qui veut
» se faire mahométant et servir avec eux;
» mais il faut que le captif renonce Jésus-
» Christ et la France : plutôt la mort. Il y
» en a eu qui s'y sont décidés pour sauver
» leur vie : on les regarde comme de la ca-

» naille et des capons. Vous n'avez pas be-
» soin de craindre que j'en fasse autant, en
» cas de malheur. » Cette preuve n'est point
la seule.

En rentrant par la porte Bab-el-Oued, on
trouve sur la droite une ancienne mosquée
transformée en église catholique. C'est la
nouvelle église de Notre-Dame-des-Victoires.
Le sanctuaire est orné d'une magnifique statue de Marie, que l'archiconfrérie de Paris a
fait reproduire sur le modèle de celle de
l'abbé Desgenettes, pour l'envoyer à sa sœur
d'Alger. Le dimanche surtout, depuis cinq heures du matin jusqu'à midi, l'église est pleine à
chaque messe ; les fidèles, composés en grande
partie de Mahonais et de Maltais, ne peuvent
pas tous y trouver place. Et quand le soir,
à la chute de jour, la cloche appelle à l'exercice de l'archiconfrérie, toute la population de
la ville se porte avec empressement vers la
sainte madone, magnifiquement ornée et
étincelante de mille feux. La première fois
qu'on assiste à l'office divin dans l'ancienne
mosquée devenue église catholique, l'esprit

est forcément distrait par la pensée de tout ce qu'il a fallu d'évènements pour que la commémoration du sacrifice du Calvaire se célébrât, avec tant de pompe et de magnificence, dans un sanctuaire de l'Islamisme.

En quittant la rue Bab-el-Oued, on débouche sur la place du Gouvernement, au bas de laquelle, sur le bord de la mer, s'élève une autre mosquée, dite de la *Pêcherie*; celle-ci serait admirablement appropriée au culte catholique, car elle réunit bien des titres à cette insigne faveur : bâtie en forme de croix, elle ressemble en vérité à un temple chrétien. Cette disposition insolite en ces pays, vient, dit-on, de ce qu'elle fut construite par des captifs européens, qui en cimentèrent les pierres de leurs larmes et de leur sang ; l'architecte, généreux confesseur de la foi, en paya le plan de sa tête ; elle devait, selon eux, servir au culte catholique, *quand reviendrait sur ce rivage la religion de Jésus-Christ ;* souhait chrétien que les temps modernes ont vu s'accomplir.

Outre les édifices catholiques dont nous

avons parlé, il y a encore à Alger l'église cathédrale, située en face de l'évêché, vaste monument qui n'est pas encore terminé, quoique depuis longtemps on y célèbre les saints offices, mais que l'ardeur de la foi, il le faut croire, trouvera moyen d'achever bientôt.

Plus loin, à l'autre extrémité de la ville, près de la porte Bab-Azoum, est l'église dédiée à saint Augustin, vaisseau insuffisant pour les habitants de cette partie de la cité. Car, en Afrique comme en France, on va à l'église, et même on n'attend pas toujours le dimanche pour aller y prier. Voici un fait qui sera tout à la fois et une preuve de ce que j'avance et un exemple édifiant pour tous.

Pendant que j'étais vicaire à Alger, je venais souvent, dans l'après-midi, réciter mon bréviaire à l'église de Notre-Dame-des-Victoires. Une après-dînée, je ne me trouvais point seul, car je remarquai devant la balustrade du sanctuaire un sous-officier de cavalerie agenouillé et immobile; il paraissait abîmé dans le plus profond recueillement. Quoique je ne trouvasse en lui rien de bien extraordinaire, puisque le cœur du soldat français aime son Dieu, je le remarquai néanmoins.

A quelques jours de là, étant encore revenu à l'église, je vis à la même place qu'auparavant le sous-officier des chasseurs d'Afrique que j'avais déjà aperçu. Cette fois, ma curiosité fut éveillée, et le lendemain je revins à la même heure pour voir si je trouverais encore le pieux militaire. Je l'y retrouvai et je l'y vis encore pendant plusieurs autres jours. Il demeurait là je ne sais combien de temps ; mais il y était avant moi et je l'y laissais en me retirant.

Un jour, pourtant, je voulus attendre la fin de sa prière, et comme le dernier coup de cinq heures retentissait dans l'église, il se leva. Je me tins sur son passage, et, sous un prétexte quelconque, je l'entraînai dans ma chambre.

Après quelques instants de causerie : — Permettez-moi, lui dis-je, une question que vous allez peut-être trouver indiscrète.

Il se mit à sourire.

— Vous comprenez ce que je veux vous demander, lui dis-je alors. Eh bien ! pourquoi avez-vous choisi cette heure et cette église pour votre adoration de tous les jours ?

— Oh ! c'est bien simple, me répondit-il ; cette église porte le nom de celle de ma paroisse à Paris, car mes parents habitent encore sur la paroisse de Notre-Dame-des-Victoires. Et puis, pour l'heure, j'ai remarqué qu'à cette heure-là votre église, d'ordinaire si remplie de fidèles, est presque toujours déserte, et je me suis dit alors : l'Empereur, à Paris, a des sentinelles qui veillent aux Tuileries et jusque dans l'intérieur de ses appartements et le jour et la nuit. Les ministres et tous ceux qui ont une haute position civile ou militaire, ont aussi des sentinelles. Ici, à Alger, le gouverneur-général a des gardes, et mon colonel lui-même a des soldats à sa porte ; et voilà que le général des généraux, le roi des rois, le maître de l'Empereur, Dieu est seul dans son tabernacle, non-seulement toute la nuit, mais encore pendant une partie du jour. Ses prêtres sont occupés au dehors, toute l'après-midi, pour les visites des malades et des pauvres. Le monde est emporté par le tourbillon des affaires ou des plaisirs. Je viendrai donc, me suis-je dit, tous les jours, tant que mon service me le permettra, auprès de mon Sauveur, monter une petite garde et lui faire compagnie.

Cette réponse et cette résolution me firent comprendre comment il se fait que nos soldats français soient invincibles ; nul doute que celui-là ne fût un parfait soldat, car il était parfait chrétien.

Nous nous sommes arrêtés à l'extrémité du quartier oriental d'Alger, qui se nomme Bab-Azoum. C'est à la porte de Bab-Azoum que la justice algérienne frappait les Turcs, comme la cruauté frappait les chrétiens et les juifs à la porte de Bal-el-Oued ; on pendait à cette porte les chrétiens nus à des crochets de fer, et ces corps pâles, meurtris, portant les traces d'horribles souffrances, étaient la digne parure de la porte d'une ville barbaresque. A l'époque de l'expédition de Charles-Quint, les abords de Bab-Azoum furent témoins de l'héroïsme des chevaliers de Malte, que les Algériens appelaient les *habits rouges*, à cause de la couleur de leur cotte d'armes. Ceux-ci s'avançaient fièrement à pied, la lance et l'épée dans leurs mains; la cavalerie ennemie reculait devant eux. Ces guerriers chrétiens combattaient pour leur Dieu et pour la civilisation. L'audacieuse petite phalange se précipitait, invincible, dans le faubourg de Bab-Azoum, au milieu des corps qu'elle avait fauchés, et son courage vainqueur l'eût assurément entraînée dans la ville même; mais le dey Hassan se hâta de faire fermer la porte, sans se préoccuper de la foule éperdue ainsi livrée aux coups des chevaliers. Le porte-enseigne de l'ordre, Ponce de Savignac, tenant à la main gauche son drapeau, enfonça de la droite son poignard dans la porte et l'y laissa planté comme un signe vigoureux et menaçant.

Aujourd'hui, la religion est venue, pleine

de douceur, frapper avec sa croix aux portes de cette ville barbare, et ce signe de salut en a ouvert les portes pour y faire pénétrer la connaissance et l'amour d'un Dieu qui sauve. Tout ce côté est couvert de constructions nouvelles qui rappellent nos cités de France. Ainsi que Bab-el-Oued, Bab-Azoum voit reculer les limites de la ville. Sur ce point se porte principalement l'activité des spéculateurs. Bab-Azoum sera la plus belle portion d'Alger.

CHAPITRE V.

Environs d'Alger.

Alger est environné de villages où l'agriculture se déploie d'une manière merveilleuse. Des routes, ouvertes par nos soldats, relient ces divers centres de population, qui sont les premiers efforts de la colonisation française. OEuvre lente et hérissée de difficultés, que le temps et le dévouement semblent vouloir mener à de bons résultats. Aujourd'hui, on voit déjà que les images de la vie européenne sont venues animer les solitudes du Sahel.

Kouba est à trois lieues au sud-est d'Alger. On y va à travers un beau pays ; on n'a pas assez de regards pour toutes les magnificences de Mustapha supérieur, côteau délicieux qui présente successivement les mille aspects enchantés de la plus luxuriante nature. Aujourd'hui, la route qui mène à Kouba s'étend entre la colline et la mer. Autrefois, on arrivait au village par un petit chemin bordé de grands oliviers sauvages, d'aubépines et de nopals ; après plusieurs détours, on passait à côté d'un tombeau de marabout, entouré d'un bosquet épais et touffu, comme le sont tous les pieux asiles musulmans. En Afrique, ces bosquets sont respectés ; on n'y cherche pas seulement un refuge contre les dévorantes ardeurs du soleil, mais encore on vient y prier, et, dans l'opinion musulmane, les rigueurs d'une invisible colère frapperaient le profane qui oserait y porter le fer ou le feu. C'est le bois sacré où l'on invoquait la Divinité.

On distingue trois villages à Kouba : le vieux, dont les premiers habitants sont morts moissonnés par les fièvres et par l'usage immodéré des boissons fortes ; le neuf, qui prospère par la culture des terres et la sobriété des habitants ; le troisième, enfin, qui est un village mauresque. Il y avait jadis un camp à Kouba. Aujourd'hui, les militaires ont cédé la place aux élèves du sanctuaire : le camp de Kouba est devenu le grand séminaire d'Alger. Au milieu de ces cabanes, que la sollicitude de l'administration diocésaine s'efforce de rendre habitables, Monseigneur l'Évêque a voulu qu'une chapelle, gracieuse par son style et sa position, rappelât nos conquêtes passées et surtout celles de l'avenir. Où l'on apprenait à combattre, on apprend en ce jour à prier. Ce qui fait la valeur a besoin d'être cimenté et consolidé par la prière. Kouba domine la mer et Alger du côté de l'est, comme le petit séminaire domine à l'ouest et la cité et la plaine immense de la Méditerranée.

Le petit séminaire de Saint-Eugène n'est pas aussi éloigné de la ville. La rampe escarpée et rapide qui y conduit offre, à mesure qu'on cherche à la gravir, le plus riant comme le plus majestueux spectacle. Voici, du reste, une lettre datée d'Alger, qui renferme une description exacte de ce lieu charmant et des pieuses pensées qu'il inspire :

« Le petit village de Saint-Eugène, à deux kilomètres d'Alger, jouit de ces priviléges sans nombre qui s'attachent à certaines localités, où toutes les beautés semblent s'être réunies pour présenter aux regards de ravissants tableaux qui ne s'effacent jamais du souvenir. Je gravissais la montagne par un sentier tracé dans le ravin qui sert habituellement de promenade aux élèves du petit séminaire. Ce sentier tourne toutes les sinuosités du terrain et décrit presque des cercles dans cet endroit éminemment pittoresque. Du point élevé ou je me trouvais en cet instant, je portai ma vue sur l'immense étendue qu'elle pouvait embrasser. A l'horizon, le ciel et la mer m'offraient tout le grandiose qui est en eux, lorsqu'aucun nuage ne vient s'interposer entre l'union de ces deux magnifiques miroirs d'azur. Le village s'étendait à mes pieds, et les douces vapeurs de la brise m'arrivaient chargées du parfum des fleurs qui croissent à profusion dans les jardins attenant à chaque habitation.

» J'arrivai bientôt dans une partie de ce ravin où la végétation a rassemblé toutes ses richesses ; le sol y est couvert d'arbustes et de plantes qui s'épanouissent avec une force et une vigueur inconnues dans vos brumeuses contrées du nord.

» Je vous ai vu bien souvent attendri et charmé à l'aspect d'une jeune fille agenouillée au pied d'un autel de la Vierge ; aussi je pensai à vous et vous désirais près de moi, lorsqu'en tournant l'une des nombreuses sinuosités du ravin, je me trouvai tout-à-coup près d'un rocher que Mgr d'Alger a fait creuser et disposer en grotte et dans lequel on a placé une statue de la Vierge, que le peuple, dans son amour, a déjà surnommée Notre-Dame-du-Ravin. Trois personnes, en cet instant, descendaient la montagne : d'abord deux jeunes filles, l'une âgée d'environ 15 ans, et l'autre gracieuse enfant de 5 ans à 6 ans ; toutes deux pressaient le pas pour arriver plus promptement à la grotte ; puis, un peu plus loin, leur mère les suivait en souriant. Les jeunes filles, malgré ma présence, s'empressèrent de s'agenouiller, et l'enfant, du bout de ses jolis doigts roses, envoya un baiser à la Vierge, puis prononça nettement un *Ave* d'un petit air enthousiaste qui me fit sourire de plaisir. Je regardai ensuite sa sœur, et je sentis immédiatement mes yeux se remplir de larmes. Rien n'était comparable à l'expression de candeur, de pureté et d'amour que je vis sur le visage de la jeune fille qui était devant moi. Ah ! quel attrait puissant dans son beau regard si chaste, qui se posait clair et limpide sur l'image de la Reine du Ciel ! Tout, dans les mouvements de cette jeune fille, me faisait deviner une personne habituée dès l'enfance à veiller sur ses pensées et à les reporter plutôt sur des choses saintes que sur les frivolités mondaines ; enfin, la simplicité de son maintien ne décelait pas cette fâcheuse tension des nerfs que nous avons remarquée souvent avec peine chez de très jeunes filles sans cesse occupées des plaisirs du monde, du désir de plaire, et chez qui le sentiment religieux ne peut déjà plus trouver de place.

» Quelle étrange chose, pensai-je, que les contrastes qui sont en moi ! Comment donc se fait-il qu'avec un esprit gai, caustique même, je me laisse impressionner si facilement par des scènes dont la simplicité fait sourire de pitié les jeunes collégiens de nos jours ? Suis-je donc un esprit faible ? Sont-ils, eux, des esprits forts ?... Non, je n'étais pas un esprit faible, mais je voyais les choses éclairé par la lumière de Dieu. »

Après avoir salué la Vierge du Ravin, on monte encore pendant quelques minutes avant d'arriver à la plate-forme sur laquelle est bâti le séminaire. L'évêque d'Alger, en abandonnant aux jeunes élèves qu'on prépare aux redoutables fonctions du sacerdoce cette délicieuse maison de campagne, s'est réservé un appartement; c'est là qu'il vient, le soir, après les rudes et précieux labeurs de la journée dans son palais de la ville, non pas se reposer de ses fatigues, mais travailler avec plus de calme et non moins de sollicitude pour le bien de son diocèse et de l'Église toute entière.

C'est de Saint-Eugène que descendent sur l'Algérie et dans le monde entier, ces mandements, trésors d'élégante et religieuse dialectique, où l'on trouve réunis la sainteté de l'apôtre, l'érudition du savant et cette souplesse d'expression qui fait de chaque mot une révélation nouvelle qui éclaire et illumine le sujet.

Ceux à qui il a été donné de voir une fois seulement Mgr Pavy; ceux surtout qui ont pu recueillir une parole tombée de ses lèvres, ne s'étonneront pas que, placé dans une des situations les plus difficiles pour un évêque, il ait su mener à bonne fin tant de précieuses et saintes entreprises. Il lui a fallu plus d'une fois, il est vrai, allier à la plus haute sagesse une fermeté de résolution qu'aucun obstacle n'arrête, et la vigueur de caractère à la paternelle sollicitude qui devine le secret des cœurs sur lesquels il exerce une douce et irrésistible puissance.

En ce moment, l'évêque d'Alger est tout plein d'un projet longtemps médité, et qui a déjà eu un commencement d'exécution : c'est l'érection du monument à la gloire de Notre-Dame-d'Afrique.

Que de fois, pendant son séjour au séminaire, dont il est le véritable supérieur, ne le voit-on pas prendre en main son bâton de pèlerin et s'acheminer vers la crête verdoyante de la colline, où la montagne a nivelé sa cime pour mériter la gloire d'être le piédestal du saint monument. Là, si quelque pieux voyageur a suivi ses pas, son cœur ému déroule le plan du saint édifice. Son regard et sa main tracent avec bonheur le chemin qui doit conduire à la chapelle vénérée. De distance en distance, sur les sinuosités de la montagne, des stations marquées par l'art et la religion, inviteront les pèlerins à s'arrêter un instant pour admirer, en les saluant, les emblêmes qui répondent aux diverses invocations que les fidèles adressent à Marie, lorsqu'ils chantent les litanies de la Vierge leur mère. Ainsi préparés par la prière à la confiance, les cœurs chrétiens trouveront plus facile et plus doux l'accès à la chapelle monumentale, qui par sa forme même répondra à toutes les aspirations généreuses et aux sentiments douloureux. L'édifice aura la forme d'une feuille de trèfle, dont chaque disque recevra un autel. Tous les âges, toutes les situations de la vie trouveront près de ces autels un charme consolateur et particulièrement approprié aux besoin de l'âme. L'un de ces autels, par ces mots : *Virgo fidelis*, Vierge fidèle, offrira à la jeunesse, dans l'âge des tempêtes, un port où la paix et le refuge ne lui manqueront jamais. L'autre appellera les mères, qui ont courbé leur tête sous les coups de l'infortune ou les chagrins, pour leur montrer, sous l'invocation de Mère des Douleurs, celle qui la première nous a appris à souffrir ici-bas. Pauvres femmes désolées, elles trouveront sinon le remède à leurs misères, du moins le courage de les supporter sans trop se plaindre, et la force de les rendre méritoires en les unissant à celles de Marie, la Reine des martyrs.

Le maître-autel sera dédié à la Reine des Cieux, *Regina cœli*. Aussi, plus resplendissant que les deux autres, il éveillera dans les âmes, avec l'enthousiasme des gloires passées, de saintes aspirations vers le jour où la grande victoire sur les nations musulmanes, nous conviera, vainqueurs et vaincus, au pied du trône de celle qui règne là-haut par son amour, *Regina cœli*.

Au centre de l'édifice, un trophée d'armes rappellera tout à la fois le christianisme longtemps immolé dans ses enfants martyrisés par la cruauté musulmane, et l'islamisme à son tour terrassé par la valeur française et le nom chrétien. Afin de convier en ces lieux toutes les gloires comme toutes les douleurs, l'autel représentera un vaisseau, sur lequel notre marine a apporté à ces plages inhospitalières la paix et la liberté.

Enfin, au-dessus de la porte principale, sera une chaire du haut de laquelle, dans les jours de grande solennité, le pontife de la fête pourra s'adresser et au clergé rassemblé dans l'enceinte de l'église devenue trop petite, et à la foule attentive et groupée sur la plate-forme qui s'étend sur le devant du temple sacré.

Mon Dieu, et vous, Vierge Marie, donnez au saint prélat dont l'âme généreuse a conçu une si noble pensée, donnez-lui de pouvoir bientôt et le premier, du haut de ce temple, appeler à la prière les enfants de l'Eglise et les fils du prophète. Son idée ne serait pas complète, son génie demeurerait inquiet, et son grand cœur d'apôtre serait privé d'une bien douce et bien légitime consolation, s'il ne lui était pas donné, pour prix d'un si laborieux épiscopat, d'avoir la joie de vous consacrer, par une bénédiction pontificale, ce monument de sa piété et de ses espérances.

Mais voilà que déjà nos vœux deviennent

superflus ; car le Seigneur et la bonne Vierge semblent sourire à la sainte entreprise ; le monument s'élève, les murs grandissent, les pierres se superposent, et les regards suivent vers les cieux la majestueuse coupole qui regarde la France que lui dérobent mal les flots ; Notre-Dame-d'Afrique verra bientôt avec un regard de complaisance, du haut de son dôme étoilé, cette ville d'Alger qu'autrefois on appelait, dans un sentiment de terreur et d'effroi, la fière et la cruelle, nommée désormais avec vérité, à cause de son dévouement et de la protection de Marie, la fidèle et la *bien gardée.*

FIN DE LA PREMIÈRE PARTIE.

TABLE DES MATIÈRES